ENTUSIASMO E

ALEGRIA

— Pensamentos do Papa Francisco —

Entusiasmo e alegria

Pensamentos do Papa Francisco

O coração do homem deseja a alegria. Todos desejamos a alegria; cada família, cada povo aspira à felicidade. Mas qual é a alegria que o cristão é chamado a viver e a testemunhar? É a que vem da proximidade de Deus, da sua presença na nossa vida.

Pensamentos do Papa Francisco

Desde quando Jesus entrou na história, com o seu nascimento em Belém, a humanidade recebeu o germe do Reino de Deus, como um terreno que recebe a semente, promessa da colheita futura.

Entusiasmo e alegria

Entusiasmo e alegria

Pensamentos do Papa Francisco

Jesus não desiste e não cessa de se oferecer a si mesmo e a sua graça que nos salva! Jesus é paciente, sabe esperar, espera-nos sempre. Esta é uma mensagem de esperança, uma mensagem de salvação, antiga e sempre nova.

Pensamentos do Papa Francisco

Nós somos chamados a testemunhar com alegria a mensagem do Evangelho da vida, do Evangelho da luz, da esperança e do amor. Porque a mensagem de Jesus é: vida, luz, esperança e amor.

Entusiasmo e alegria

Entusiasmo e alegria

Pensamentos do Papa Francisco

A Igreja inteira está dentro deste movimento de Deus para com o mundo: a sua alegria é o Evangelho, é refletir a luz de Cristo. A Igreja é o povo de todos os que experimentaram essa atração e a trazem dentro de si, no coração e na vida.

Pensamentos do Papa Francisco

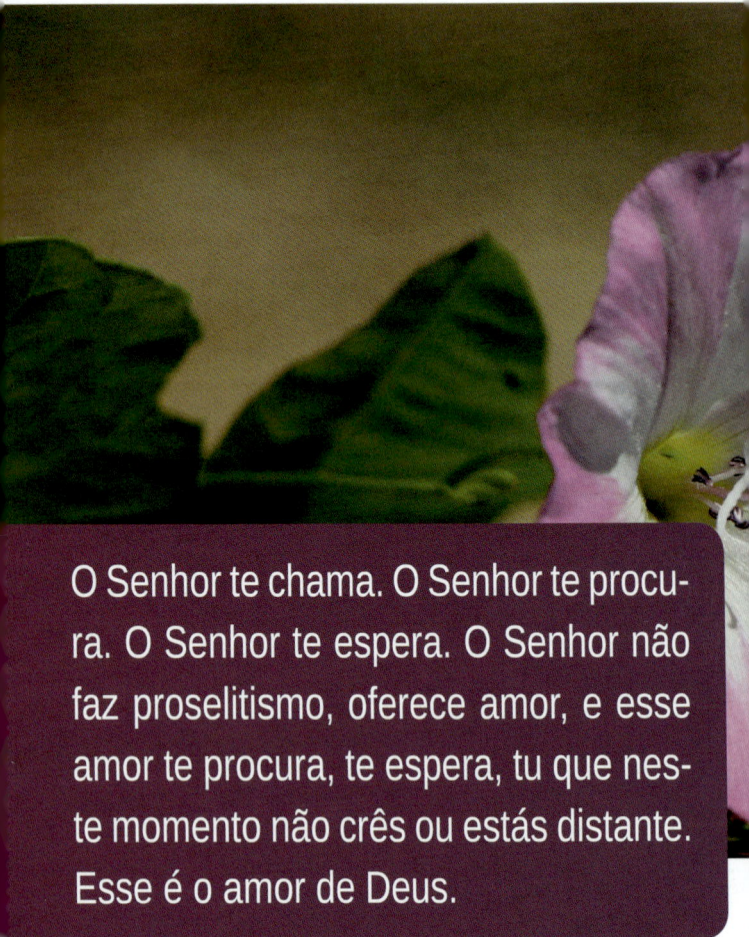

O Senhor te chama. O Senhor te procura. O Senhor te espera. O Senhor não faz proselitismo, oferece amor, e esse amor te procura, te espera, tu que neste momento não crês ou estás distante. Esse é o amor de Deus.

Entusiasmo e alegria

Entusiasmo e alegria

Pensamentos do Papa Francisco

Peçamos a Deus por toda a Igreja, peçamos a alegria de evangelizar, porque por Cristo foi enviada a revelar e a comunicar a caridade de Deus a todos os povos.

Pensamentos do Papa Francisco

Dou graças ao Senhor, juntamente convosco, por estas criaturas e por cada nova vida. Eu gosto de batizar crianças. Gosto muito! Cada criança que nasce é um dom de alegria e de esperança, e cada criança que é batizada constitui um prodígio da fé e uma festa para a família de Deus.

Entusiasmo e alegria

Entusiasmo e alegria

Pensamentos do Papa Francisco

Nós, cristãos, temos de agir assim: pôr no lugar da malícia a inocência, no lugar da força o amor, no lugar da soberba a humildade, no lugar do prestígio o serviço.

Pensamentos do Papa Francisco

Ser discípulo do Cordeiro significa não viver como numa "cidadela cercada", mas como numa cidade posta sobre o monte, aberta, hospitaleira e solidária. Quer dizer não assumir atitudes de fechamento, mas propor o Evangelho a todos, dando testemunho com a nossa própria vida de que seguir Jesus nos torna mais livres e mais jubilosos.

Entusiasmo e alegria

Entusiasmo e alegria

Pensamentos do Papa Francisco

Jesus ensina-nos que a Boa-nova que ele traz não está reservada a uma parte da humanidade, mas deve ser comunicada a todos. É um feliz anúncio destinado a todos os que o esperam, mas também a todos os que talvez já não esperem mais nada, nem sequer têm a força para procurar e perguntar.

Pensamentos do Papa Francisco

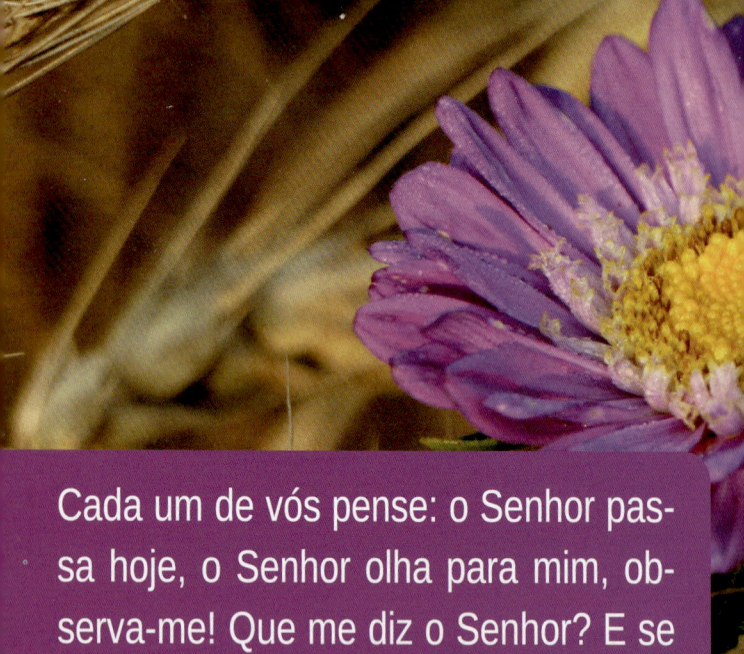

Cada um de vós pense: o Senhor passa hoje, o Senhor olha para mim, observa-me! Que me diz o Senhor? E se algum de vós sente que o Senhor lhe diz "segue-me", seja corajoso, vá com o Senhor. O Senhor nunca desilude.

Entusiasmo e alegria

Entusiasmo e alegria

Pensamentos do Papa Francisco

Ouçam em seus corações se o Senhor os chama para o seguir. Deixemo-nos alcançar pelo seu olhar, pela sua voz, e sigamo-lo! Para que a alegria do Evangelho chegue até os extremos confins da terra e nenhuma periferia seja privada da sua luz.

Pensamentos do Papa Francisco

O cristão deveria ser uma pessoa luminosa, que dá luz, que dá sempre luz! Uma luz que não é sua, mas é dom de Deus, é dom de Jesus. E nós levamos essa luz. Se o cristão apagar essa luz, a sua vida não terá sentido: é cristão só de nome, que não leva a luz; uma vida sem sentido.

Entusiasmo e alegria

Entusiasmo e alegria

Pensamentos do Papa Francisco

Todos nós, batizados, somos discípulos e missionários, e somos chamados a tornar-nos no mundo um Evangelho vivente: com uma vida santa daremos sabor aos diversos ambientes.

Pensamentos do Papa Francisco

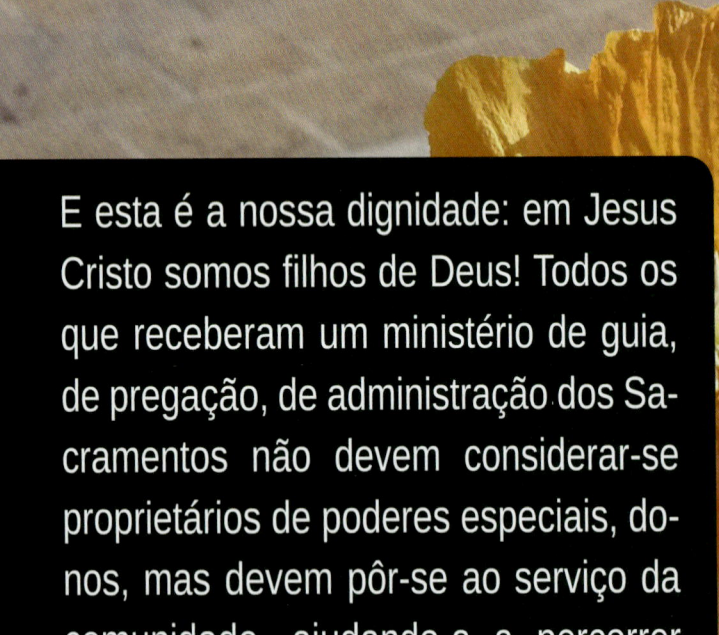

E esta é a nossa dignidade: em Jesus Cristo somos filhos de Deus! Todos os que receberam um ministério de guia, de pregação, de administração dos Sacramentos não devem considerar-se proprietários de poderes especiais, donos, mas devem pôr-se ao serviço da comunidade, ajudando-a a percorrer com alegria o caminho da santidade.

Entusiasmo e alegria

Entusiasmo e alegria

Pensamentos do Papa Francisco

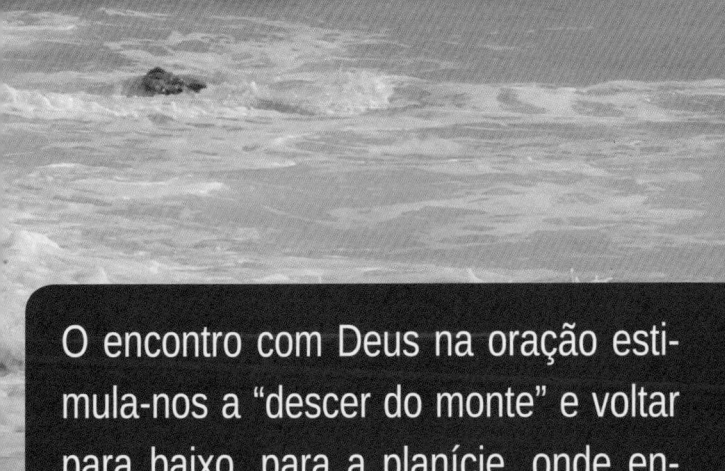

O encontro com Deus na oração estimula-nos a "descer do monte" e voltar para baixo, para a planície, onde encontramos tantos irmãos sobrecarregados. A esses nossos irmãos que estão em dificuldade, somos chamados a levar os frutos da experiência que fizemos com Deus, partilhando a graça recebida.

Pensamentos do Papa Francisco

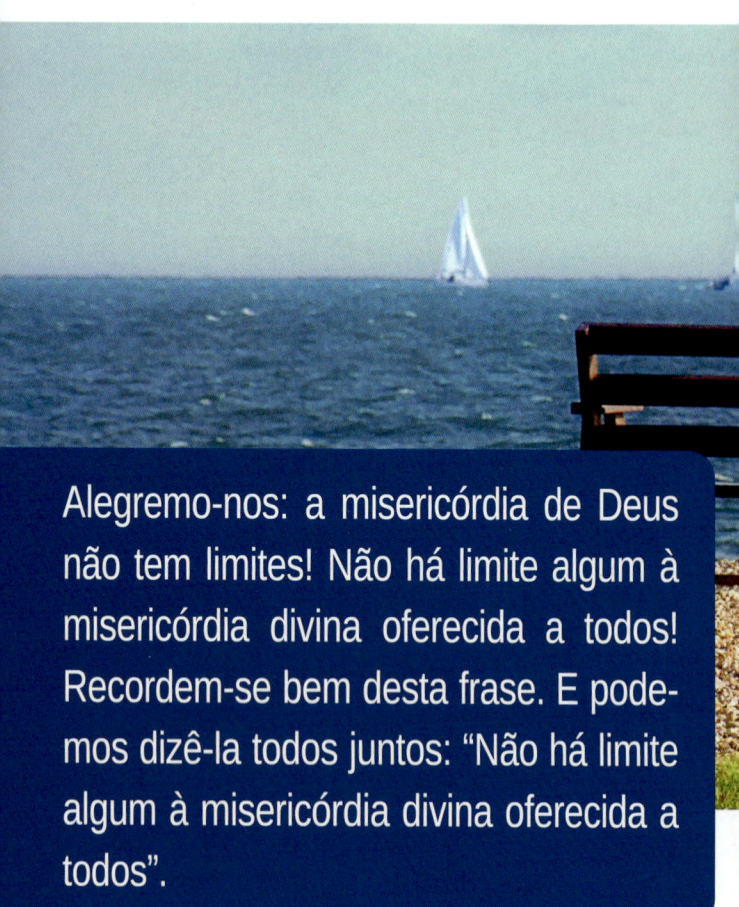

Alegremo-nos: a misericórdia de Deus não tem limites! Não há limite algum à misericórdia divina oferecida a todos! Recordem-se bem desta frase. E podemos dizê-la todos juntos: "Não há limite algum à misericórdia divina oferecida a todos".

Entusiasmo e alegria

Entusiasmo e alegria

Pensamentos do Papa Francisco

O Senhor está sempre pronto a levantar a pedra do sepulcro dos nossos pecados, que nos separa dele, a luz dos vivos.

Pensamentos do Papa Francisco

Palavra de Deus, fonte de alegria! Aconteceu assim com os discípulos de Emaús: acolheram a Palavra; partilharam o pão e, de tristes e derrotados que se sentiam, tornaram-se alegres.

Entusiasmo e alegria

Entusiasmo e alegria

Pensamentos do Papa Francisco

Queridos irmãos e irmãs, a Palavra de Deus e a Eucaristia enchem-nos de alegria sempre. Lembrem-se: quando se sentirem tristes, tomem a Palavra de Deus.

Pensamentos do Papa Francisco

Quando se sentirem desanimados, tomem a Palavra de Deus e vão à Missa do domingo e comunguem, participem do mistério de Jesus. Palavra de Deus, Eucaristia: enchem-nos de alegria.

Entusiasmo e alegria

Entusiasmo e alegria

Pensamentos do Papa Francisco

A Virgem Maria nos ajude a sermos todos discípulos-missionários, pequenas estrelas que refletem a sua luz. E rezemos a fim de que os corações se abram para receber o anúncio, e todos sejam "partícipes da promessa por meio do Evangelho" (Ef 3,6).

Coleção **ALEGRIA E FÉ**

- *Amor da família (O): pensamentos do Papa Francisco*, Danilo Alves Lima (org.)
- *Entusiasmo e alegria: pensamentos do Papa Francisco*, Claudiano Avelino dos Santos (org.)
- *Viver a misericórdia: pensamentos do Papa Francisco*, Francisco Galvão (org.)
- *Viver o amor: pensamentos do Papa Francisco*, Francisco Galvão (org.)

Organização
Claudiano Avelino dos Santos

Editoração, impressão e acabamento
PAULUS

1ª edição, 2016
1ª reimpressão, 2016

© PAULUS – 2016

Rua Francisco Cruz, 229 • 04117-091 – São Paulo (Brasil)
Tel.: (11) 5087-3700 • Fax: (11) 5579-3627
paulus.com.br • editorial@paulus.com.br

ISBN 978-85-349-4493-9

paulus.com.br